AF278519

Notre
Rouennais.

L'APOTRE ROUENNAIS.

L'APOTRE ROUENNAIS.

En ces temps, si différents de ceux d'autrefois, le scep-
isme a envahi la société toute entière. Et de même
e le mot *miracle* n'est plus aujourd'hui qu'une ex-
ession dont on se sert ironiquement, comme repré-
ntant la vieille et absurde crédulité de nos ancêtres
radoteurs ; de même, vouloir persuader à ses contem-
rains, qu'il existe, quelque part, sur la terre, un *Apô-
,* est une tâche difficile.

Et cependant, en dépit des préjugés, je prétends, bra-
nt l'opinion publique, prouver qu'une femme fut, de

nos jours, assez favorisée du ciel pour mettre au mond
cet être si rare, aujourd'hui la lumière de la vérité et l
redresseur des erreurs de son siècle.

O fortunati mimium Rothomagenses ! ! ! C'est à vou
qu'était réservée une telle gloire, c'est dans le sein d
votre vieille cité rouennaise qu'est renfermé ce phéno
mène.

Mais, toutefois, l'*Apôtre Rouennais* diffère des anciens
que voulez-vous ? — Les progrès du siècle.

X*****, pour donner un nom à notre *Apôtre (et qu'il n
nous en veuille pas de lui en choisir un si peu noble, s
peu distingué, car celui-ci vaut bien le sien véritable
je dis plus, il doit en être flatté, car le sien n'est pa
connu, tandis que X**** est le nom de tout héros de roma
auquel l'auteur n'en trouve pas d'assez propre)*, X*****
dis-je, est *Apôtre* à sa manière ; il prêche en paroles
mais point d'exemple.

Et c'est d'un grotesque !

Messieurs, s'écrie-t-il très-sérieusement, vos panta-
lons sont trop collants, décollez un peu, décollez ; vos
jaquettes sont trop courtes, allongez un peu ; vos faux-

ols trop longs et trop blancs, il faut remédier prompte-
nent à cela ; réformons un peu notre manchette, qu'un
outon moins large s'étale par-dessus ; substituons plus
arement une chemise intacte à une chemise maculée ;
as tant de frais de lingerie, Messieurs ; que diable ! on
e sort pas tous les jours son linge. *Tant pis pour les
lanchisseuses !* (X***, un démocrate enragé qui ne prend
as pitié du sort qui, par la suite, serait réservé à cette
lasse de la société. *Et, cependant, j'ai ouï dire qu'on
'ormait des Comités à Rouen, pour élucider toutes les
'uestions de ce genre.)*

Puis poursuivant sa tâche et le cours des réformes dont
e programme lui a été tracé par la main des anges,
X*** passe successivement en revue les divers détails de
a mise et de la tenue des habitants de Rouen. Et quel
mannequin nous propose-t-il comme type du maintien
le bon goût ? Lui-même en personne originale. Ainsi
l déclare qu'il se chargera de la confection de vos
chemises (*du blanchissage même au besoin*), de la coupe
le vos vêtements, de la forme de vos bottes, et tout cela
gratis ; il est à la fois bottier, chemisier, blanchisseur,
etc., etc. De plus, il enseignera la civilité puérile et
honnête à des prix très-modérés.

Vous rappelez-vous Carrier dans la *Vie Parisienne*, au Théâtre de Rouen, lorsqu'il propose à chaque personne chez qui il se présente de lui faire des chaussures : *Foulez-fous qué ché fous vasse tes pottes.*

Eh bien X*** fera la même chose avec cette différence : qu'il opérera plus en grand. Son mètre à la main, il prendra instantanément toutes les mesures voulues.

C'est une manie, respectons les penchants naturels !

Mais, ce qu'il y a de plus drôle, et c'est vraiment le côté burlesque de la chose, c'est que X*** a des prétentions très-réelles à la mise de bon goût, et qu'il représente un *crevé* d'un genre particulier.

Où va donc se nicher la prétention au bon goût ?

Connaissez-vous l'original ? Peut-être non. Eh bien, placez-le dans un *Musée* et je vous assure qu'il n'en sera pas la pièce la moins curieuse. Représentez-vous un commis endimanché ; à l'index d'une de ses deux mains, brille une bague de dix centimètres de circonférence qu'il exhibe avec complaisance. Il pose pour le joli garçon, — un beau blond, — Il connaît toutes les autorités pos-

les (*c'est lui qui le dit*), et promet à tout le monde sa
issante protection dont ses dupes attendent toujours
 effets. Sa figure semble dire : « Je suis écrivas....
rdonnez une étourderie, je veux dire écrivain) et j'a¹
 l'esprit. »

Nous ne doutons point de votre génie, M. X***, nous
mandons à le voir poindre à l'horizon, voilà tout ; et
vous pensez que vos caricatures, fausses en bien des
ints, soient des éclairs qui en aient jailli, détrompez-
us? Vous êtes un copiste, Monsieur, rien de plus, mais
 mauvais copiste, car vos portraits sont faux.

Oreste, que je connais personnellement, pourrait au
soin, si vous le voulez, faire ressortir devant vos pro-
es yeux, à quelle hauteur prodigieuse s'est élevée votre
titesse d'esprit et votre ineptie.

Mais passons. Je ne viens ici faire l'éloge de personne;
veux rire, voilà tout.

Le moyen que vous employez pour remplir les colonnes
n journal est d'autant plus ingénieux qu'il est plus
ile. De même que les caricaturistes au crayon ou au
nceau, sont souvent (*pas toujours*), des lapins sans
ent qui se dédommagent de leurs insuccès par la

parodie (*quelque fois comique*), des œuvres qu'ils ne pe
vent imiter, ainsi *les aspirants* en littérature peuve
trouver, en copiant les travers des gens qui les entourer
un moyen facile de couvrir de noir un velin intact.

Pour les autres originaux de vos portraits je n'en pa
lerai point séparément ; vraies ou fausses, vos copi
ont tort d'exister, parce que c'est lâche et peu charital
de relever de *petits travers* quand on a soi-même
grands défauts à se reprocher, et que, si une inimi
personnelle vous guide c'est plus lâche encore, car
lieu de dire aux gens leur fait, face à face, vous les inst
tez sans les nommer. Moyen facile, en vérité, de se rése
ver une porte de derrière ?

Quant au *Tombeur de la Petite-Provence*, quant
l'homme aux gros boutons de manchettes, REQUIESCAT
IN PACE ; pour ceux-là c'est différent. Ils posent pour
public, la vie des *hommes publics* doit luire au gran
jour. Ils cherchent à se faire voir, vous les aidez à
mettre en évidence, vous comblez leurs vœux. Or, la l
elle-même nous autorise à faire le bonheur de notre pr
chain malgré lui.

Mais puisque nous sommes amenés à parler d

Tombeur de la Petite-Provence, l'habileté que je lui connais depuis longtemps dans le maniement des armes, — onze ans de salle *(en espérance)*, — me rappelle une anecdote que l'on me racontait récemment; il s'agissait précisément de vous. Vous voyez que vous avez aussi quelque publicité, et qu'on vous fait l'honneur de s'occuper de vous.

Un jour on vous demandait pourquoi, dans quelques pages (aussi méchantes que le style en était plat), vous aviez attaqué l'extérieur et même l'intérieur d'un jeune homme des mieux posés de notre ville. « Celui-là est le premier, répondites-vous prophétiquement, il ne sera pas le dernier » (c'était la vocation *apostolique* qui se déclarait.)

— Mais enfin pourquoi? Qu'a-t-il fait? En quoi se montre-t-il plus excentrique que vous-même?

— Voilà, reprit X***, quel est mon but : Je veux me mettre en évidence (quelle humilité !!! toujours la vocation *apostolique*). J'en poursuivrai un, deux, trois, s'il le faut. Je ne pourrai manquer d'avoir un beau duel, car je suis d'une force aux armes, mais d'une telle force (il est plus fort *même que M. Choppen*), que je suis certain d'être vainqueur. *Remarquez que l'apôtre devien* *guerrier, c'est Pierre l'Ermite partant pour la croisade* Dès-lors je suis posé, connu, et mes écrits passeron pour ceux d'un grand homme.

Avouons que la combinaison n'est pas maladroite, car quand bien même il ne résulterait de tout ceci aucun prise d'armes, il est certain que les portraits faits pa X*** ont donné quelquefois à ses œuvres un débit véri table, causé par la curiosité et non par l'admiration.

Pour X***, mais pour lui seul, c'était de l'admiration dès lors il crut être véritablement un **Génie**.

Berce toi, Grand Génie, Grand Guerrier, Grand Apôtre berce-toi dans de si douces illusions.

On prétend *(ce sont de mauvaises langues)*, que l rédacteur en chef d'un grand journal de la capitale, qu t'avait pendant un moment attaché à sa personne, que tu tenais du reste en grande vénération, ébloui par tant de mérite et de vertus et craignant pour sa propre réputa tion, s'il te conservait près de lui, fut obligé, pour sauve son honneur, de se jeter à tes pieds pour te déter miner à partir et quitter la capitale.

Merci, Monsieur le grand rédacteur d'un grand jour

ial, merci, pour nous avoir envoyé, à nous pauvres pro-
vinciaux, une **Torche si lumineuse.**

Mais terminons, si vous le voulez bien, Monsieur X***,
cet aimable entretien.

M'épargnerez-vous de parler de tous ces grands défauts que j'ai promis de démasquer ? Je l'espère, il ne
tiendra qu'à vous de les tenir cachés; nous verrons
d'ailleurs quelle ligne de conduite vous suivrez à
l'avenir.

Moi je suis aussi franc que vous êtes vantard, et, sur
ma foi je vous jure que je suis très-bien renseigné sur
votre compte. En voulez-vous des preuves ? soit, je ne
citerai qu'un seul exemple. Le piquant de la chose ne
sera pas compris par tous, mais par vous, assurément.

X*** est sous la puissance d'un *Colosse*, mais pour lui
âme fière et indépendante, grande et forte, il n'est sur
terre nul pouvoir nul *poids* qui puisse le dompter. Aussi,
se débarrassant de l'étreinte du géant, on le vit souvent
aller délasser son corps fatigué de la lutte sur de moel-
leux carreaux, entouré des **Grâces et des Char-
mes.** Là, l'apôtre devenant homme cueillait *gratis* des

roses un peu fanées, il est vrai, mais que d'autres payaient bien cher.

Mais hélas ! un jour le *Colosse* se fâcha pour de bon ; il se mit à la remorque de X*** et déclara qu'il le suivrait en tous lieux. Inutile de dire que X*** obligé de traîner un tel poids à sa suite ne put aller bien loin. Force lui fut donc de devenir bien sage, bien obéissant.

> Vous jugez qu'est-ce qui fit son nez
> Ce fut le jeune homme en M.....

> Ainsi se termina ce petit incident
> Des hauts faits d'un héros le joli complément.

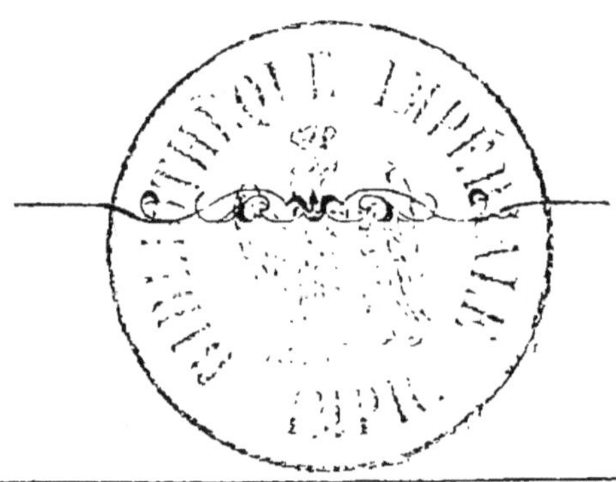

Typ. LECOINTE frères, rue Saint-Nicolas, 30.

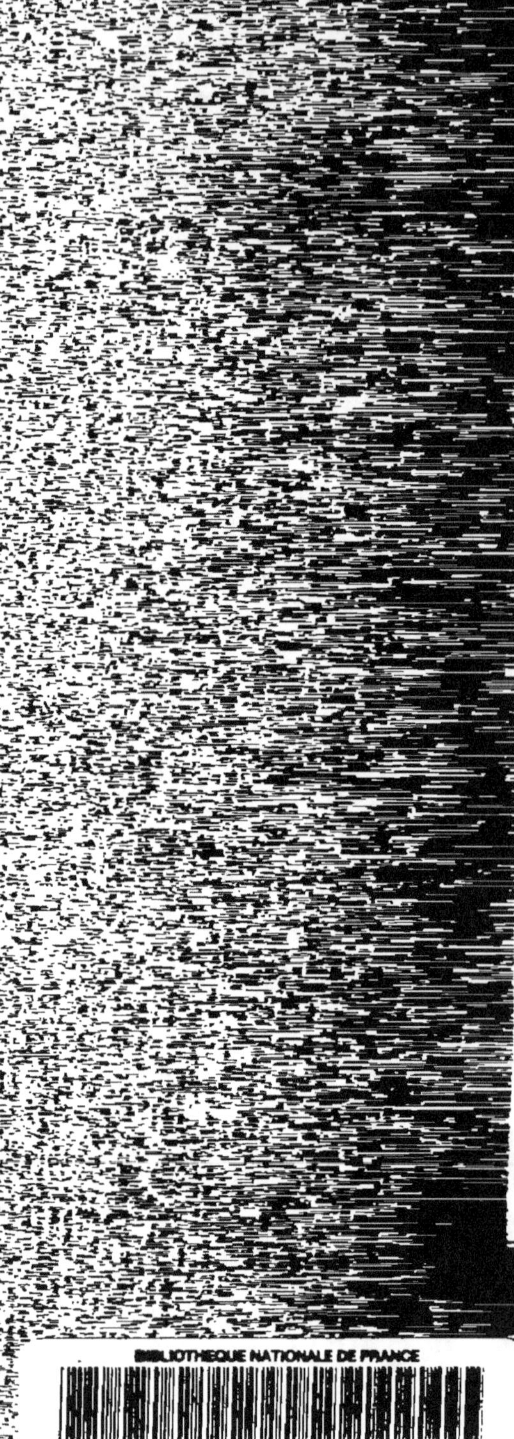